Capital social

Coleção **PASSO-A-PASSO**

CIÊNCIAS SOCIAIS PASSO-A-PASSO
Direção: Celso Castro

FILOSOFIA PASSO-A-PASSO
Direção: Denis L. Rosenfield

PSICANÁLISE PASSO-A-PASSO
Direção: Marco Antonio Coutinho Jorge

Ver lista de títulos no final do volume

Maria Celina D'Araujo

Capital Social

ZAHAR

Capa
Sérgio Campante

CIP-Brasil. Catalogação na fonte
Sindicato Nacional dos Editores de Livros, RJ

A696c Araujo, Maria Celina Soares D', 1950-
Capital social / Maria Celina D'Araujo. — 1ª ed. — Rio de Janeiro : Zahar, 2003.
(Passo-a-passo; 25)

Inclui bibliografia
ISBN 978-85-7110-729-8

1. Capital social. 2. Capital (Economia). I. Título. II. Série.

03-3094 CDD: 303
CDU: 304

EDITORA SCHWARCZ S.A.
Praça Floriano, 19, sala 3001 — Cinelândia
20031-050 — Rio de Janeiro — RJ
Telefone: (21) 3993-7510
www.companhiadasletras.com.br
www.blogdacompanhia.com.br
facebook.com/editorazahar
instagram.com/editorazahar
twitter.com/editorazahar

Esta obra foi composta por TopTextos Edições Gráficas em Minion e Frutiger e impressa em processo sob demanda pela Um Livro sobre papel offset para a Editora Schwarcz a partir de 2024

Sumário

Introdução

Assim como na indumentária e nos penteados, modismos são comuns na Academia. Na última década do século XX o termo "capital social" entrou em voga. Foi amplamente explorando em diversas disciplinas e áreas temáticas e chegou, às vezes, a parecer um antídoto mágico contra todas as mazelas sociais. Os gregos quiseram inventar um remédio que curasse todas as doenças e o chamaram de *panacéia*. Esse conceito, no entanto, se estendeu, e panacéia adquiriu o sentido de falso remédio, aquele que nada cura. Um embuste. O conceito de capital social, se mal apreendido, superdimensionado ou focado de maneira messiânica, pode também vir a ser desqualificado. Defendo aqui a idéia de que, minimamente bem definido e valorizado, ele pode se constituir em importante instrumento conceitual e prático para a consolidação de políticas públicas, para o desenvolvimento sustentado e para a revitalização da sociedade civil e da democracia.

Meu intuito, portanto, não é falar de um tema porque é moda ou porque quero criticá-lo. Na verdade, capital social, como veremos, pode ser equiparado a outros conceitos que filósofos e cientistas sociais já imaginaram, em outros tempos, como fatores essenciais à emergência da boa sociedade. Podemos aproveitar esse conceito relativamente novo para, a partir dele, falarmos de assuntos de interesse geral: desenvolvimento econômico, humano, social e democrático. É uma nova roupagem para preocupações antigas que inquietam grande parte da população. Numa linguagem coloquial, capital social será visto aqui como uma ferramenta útil para auxiliar comunidade e governo a resolverem problemas socialmente relevantes.

Mostrarei os sentidos do conceito, seus usos, as várias áreas de conhecimento em que tem sido usado, e privilegiarei duas delas. A primeira será a política, ou seja, as relações entre capital social e democracia no mundo contemporâneo. Essa discussão vem acompanhada de uma forte preocupação sobre mudança de valores morais — valores pós-materialistas — nas últimas décadas e os impactos que isso possa produzir sobre a cultura cívica, o capital social e a qualidade da democracia. Outra área a ser examinada é a econômica, mostrando a importância da cultura para o desenvolvimento e de que forma agências de fomento, públicas ou privadas, e organizações não-governamentais podem instrumentalizar o conceito fazendo dele um recurso valioso para a implantação de políticas de desenvolvimento econômico e para a avaliação de resultados de projetos de fomento.

Os vários capitais

Capital é uma palavra forte e, como conceito, é um dos mais importantes e mais controversos nas ciências sociais. Karl

Marx, no século XIX, definiu-o como o produto da mais-valia (trabalho não-pago) produzida pelo trabalhador e apropriada pelos donos dos meios de produção. Em comum com a economia clássica ficava a idéia de que capital é o produto do trabalho utilizado para a produção de outros bens. Modernamente, na área econômica e empresarial, capital pode vir acompanhado de vários adjetivos: capital aberto, capital constante ou variável, capital de giro, capital de risco, capital fechado, capital financeiro, capital fixo, capital intensivo, capital social das empresas. A palavra é a matriz econômica e ideológica de uma época da humanidade, a do capitalismo, que permanecerá alguns séculos. Remete-nos a mercado, propriedade privada, trabalho assalariado, recursos econômicos, riqueza e miséria.

Para além desses significados econômicos, tem sido usada, ainda que com críticas, em outras áreas da ação humana. Economistas lembram que riqueza e crescimento não dependem apenas de recursos naturais e/ou financeiros. Que a capacitação humana é fundamental para que as habilidades econômicas sejam desenvolvidas. A isso se deu o nome de capital humano.

A partir dos anos 1990 o Banco Mundial passou a distinguir, na avaliação de projetos de desenvolvimento, quatro formas de capital: *capital natural*, isto é, os recursos naturais de que é dotado um país; *capital financeiro*, aquele produzido pela sociedade e que se expressa em infra-estrutura, bens de capital, capital financeiro, imobiliário, entre outros; *capital humano*, definido pelos graus de saúde, educação e nutrição de um povo; e, finalmente, *capital social*, que expressa, basicamente, a capacidade de uma sociedade de estabelecer laços de confiança interpessoal e redes de cooperação com vistas à produção de bens coletivos. Segundo o Banco, capital social refere-se às instituições, relações e normas sociais que dão qualidade às relações interpessoais em uma dada sociedade. A coesão social é vista aqui como fator crítico para a prosperidade econômica e para o desenvolvimento sustentado. Capital social é a argamassa que mantém as instituições em contato entre si e as vincula ao cidadão visando à produção do bem comum. Com alguns outros detalhamentos e comentários, é este o conceito de capital social a ser adotado neste livro.

Dito isso, lembro que não vamos discutir aqui interpretações que procuram demonstrar que a capacidade associativa pode ter seu lado perverso. Máfia e gangues seriam exemplos disso. São organizações em que, a princípio, há ajuda mútua, cooperação e laços étnicos ou identidades culturais — são "famílias". Mas são grupos cujas normas e regras não são transparentes para o ingresso ou a permanência dos membros, na medida em que a vontade do chefe é superior ao que possa ser deliberado coletivamente. Há vários estudos sobre o "avesso do capital social" referindo-se a essas associações criminosas.

Não levaremos em conta esse tipo de contribuição por várias razões. Em primeiro lugar, esses grupos se definem por uma relação de poder centralizado e hierarquizado, contrariando a noção de associação voluntária e cívica em que há horizontalidade nas relações entre os membros. Em segundo, associações criminosas não têm transparência, nelas vale a vontade do chefe, a vontade pessoal de um líder — ou, às vezes, também, a de seu rival. Em terceiro lugar, embora possam incorporar pessoas por razões étnicas ou de vizinhança, essas organizações têm por objetivo lesar o patrimônio público ou privado, enganar o fisco, chantagear, cometer atos de violência para fins lucrativos. Suas ações têm como objetivo transgredir a ordem social, ainda que em nome do bem-estar do grupo. Bem-estar esse sempre duvidoso, porque em grupos criminosos o que interessa normalmente é a riqueza, a proteção e o bem-estar dos chefes.

Associações criminosas não podem, no nosso entender, ser consideradas uma externalidade negativa de um possível capital social. Seus objetivos são privados e espúrios e entram em choque com os da coletividade. A idéia de capital social aqui adotada tem a ver com a capacidade de cooperar e de confiar para a produção do bem público, e não para a depredação social.

O conceito e sua notoriedade recente

O conceito de capital social, embora não seja tão novo, ganhou notoriedade a partir do livro de Robert Putnam publicado em 1993 *Making Democracy Work: Civic Traditions in Modern Italy* [*Comunidade e democracia: A experiência da Itália moderna*]. Essa obra, que logo se tornou um clássico das ciências sociais e de áreas como estatística, metodologia, economia, entre outras, tem como meta entender as disparidades de desenvolvimento entre o norte e o sul da Itália. Foi produto de uma pesquisa multidisciplinar de vinte anos, iniciada em 1970, e que visou a acompanhar o processo de implantação pioneira da descentralização administrativa naquele país. A Itália foi um dos primeiros países a implementar um processo drástico de descentralização administrativa, decisão tomada a partir das conclusões de analistas, administradores, políticos e cientistas sociais de que o governo centralizado era menos eficiente para promover o desenvolvimento, maximizar investimentos, garantir transparência. No caso da Itália seria ainda ineficiente para corrigir as dramáticas distorções verificadas entre Norte e Sul no que toca a desenvolvimento econômico, político e social.

Essa medida de descentralização se deu no âmbito de uma ampla discussão mundial em torno dos fracassos dos governos centralizados, da necessidade de valorizar o poder local, fortalecer as comunidades, promover o desenvolvimento sustentado. Coincidentemente, mas não por acaso, esses debates foram seguidos por aqueles que buscaram entender os efeitos da globalização e a necessidade de os países se prepararem para interagir no plano global. Os dois extremos do debate — autonomia local e globalização — foram sintetizados no slogan: "Seja global, seja local."

Essas mudanças estruturais tiveram na Itália um importante laboratório, que Putnam soube analisar magistralmente. Sua meta era avaliar o impacto da descentralização na diminuição das desigualdades regionais na Itália. Se o governo local era, em tese, mais eficiente, seria de esperar que resultasse em benefícios expressivos para as áreas mais atrasadas e carentes e, com isso, diminuísse as desigualdades no país.

Os estudos de Putnam envolveram técnicas e metodologias variadas e cuidados sistemáticos para garantir a fidedignidade das informações. Assim, durante vinte anos analistas acompanharam o processo de implantação e os resultados do governo descentralizado na Itália — descentralização essa que implicou a criação de vinte regiões administrativas autônomas. Ao fim dessas duas décadas Putnam constatava que o Norte, mais desenvolvido, soubera aproveitar-se melhor das vantagens da descentralização, enquanto o Sul conseguira melhorias mas não no mesmo ritmo das do Norte nem, muito menos, na velocidade necessária para corrigir as desigualdades entre as duas regiões. Por que os resultados esperados não foram alcançados? Por que a descentralização não foi um instrumento eficaz o bastante para reduzir expressivamente as desigualdades regionais? Por que um mesmo instrumento, uma mesma instituição, produz resultados distintos em ambientes distintos? Qual o impacto das instituições sobre as sociedades? Ou como as sociedades, e sua cultura, impactam a atuação das instituições?

Putnam recorre a um amplo conjunto de variáveis para avaliar qual teria maior relevância explicativa para justificar os resultados encontrados. Analisa os gastos em cada uma das vinte regiões administrativas, o peso das ideologias políticas (esquerda e direita), a composição dos conselhos regionais e a extração social e política de seus membros, as influências dos partidos políticos, as relações dos conselheiros com a comunidade e os líderes locais, as atitudes dos conselheiros em relação ao governo central, e a satisfação da população para com o governo local.

Como resultado dessa parte da investigação, o autor observa que a política italiana se tornara menos polarizada ideologicamente e mais voltada para problemas práticos das populações, e que as instituições de governo ficaram de fato mais perto do povo e mais tolerantes no planejamento e na administração de conflitos. No entanto, em algumas regiões mais atrasadas os resultados foram desanimadores. Nada mudara na qualidade do governo, se comparado com o período da centralização. Impasses políticos, clientelismo, corrupção, inépcia dos burocratas sem qualificação adequada, entre outros problemas, ameaçavam o sucesso da novidade institucional que a descentralização trouxera.

Ao examinar especificamente o desempenho institucional, ou seja, os resultados obtidos pelos governos locais, Putnam procura entender por que, apesar de todas as regiões administrativas serem equipadas com os mesmos instrumentos e a mesma modelagem institucional, os resultados foram distintos. A partir dessas constatações, busca compreender a diferença de desempenho institucional recorrendo a outras variáveis e acaba por valorizar sobretudo a cultura cívica, o civismo, a cultura política, as tradições republicanas, em suma, fatores importantes para a existência de capital social. Nessa direção, conclui de forma categórica: "O contexto cívico é importante para o funcionamento das instituições." Em outras palavras, instituições, por mais bem concebidas e planejadas que sejam, não bastam para produzir a boa sociedade. Ou seja, boas sociedades ajudam a produzir boas instituições.

Isto contrariava uma corrente importante nas ciências sociais, o institucionalismo, que defende a tese de que as instituições são os principais instrumentos para a mudança e a transformação social. Stuart Mill, por exemplo, talvez o mais brilhante defensor da democracia representativa e dos direitos de representação política das minorias, acreditava que a boa sociedade e a boa democracia seriam resultado de instituições e regras talhadas com minúcia e acuidade. Putnam, no entanto, alegava que a cultura cívica podia atuar positivamente sobre as instituições e que, pelo lado oposto, sua ausência seria um obstáculo intransponível ao desempenho institucional. Dito isso, a inquietação que nos fica é a de entender por que a cultura cívica é mais forte em certos lugares do que em outros.

O norte da Itália, embora com algumas inconstâncias, manteve no decorrer do tempo (pelo menos desde o século XI, data até a qual o autor retroage em sua pesquisa histórica) uma cultura cívica mais intensa, um maior envolvimento da população com a coisa pública (*res publica*), uma sociedade mais comprometida com o bem público, mais cooperativa e mais confiante nos seus pares. A cultura cívica, associada à confiança interpessoal, traduz-se em um recurso fundamental de poder para os indivíduos e para as sociedades, em um capital — capital social — cujos benefícios são comuns a todo o grupo ou a toda a sociedade. A capacidade de associativismo no Norte, para fins de lazer ou de outras atividades sociais, é muito maior do que no Sul. Há ali uma capacidade maior de as pessoas cooperarem, confiarem no governo e em seus vizinhos, estabelecerem laços horizontais de participação.

Do lado contrário, o Sul, cujo passado foi de mais riqueza que o do Norte, foi ao longo do tempo uma região mais individualista, mais hierárquica, clientelística, com forte presença paternal e hierárquica da Igreja Católica. Os ditados populares são paradigmáticos para exemplificar essa cultura individualista e desconfiada. Trazendo para similares brasileiros, no Sul predominam ditados como: "Se a barba do teu vizinho pegou fogo, põe a tua de molho" (quer dizer, não o ajuda a apagar o fogo, cuida da tua); "Quem empresta não melhora"; "Farinha pouca, meu pirão primeiro", e assim por diante. São ditos que expressam uma "sabedoria" popular em ser egoísta, em não ajudar os outros, em desconfiar, que se contraporia à sabedoria do Norte, que mais se aproximaria de ditados como: "Uma andorinha só não faz verão"; "O mais importante na vida é ter amigos"; "Uma mão lava a outra".

A natureza de um comportamento egoísta desse teor foi estudada ainda no século XVIII por um importante filósofo escocês, David Hume. É dele uma parábola famosa que simula o pensamento de dois agricultores de trigo. Um deles tem sua produção pronta para colher e se não o fizer perde o alimento básico para o "pão" do resto do ano. E não tem condições de colhê-la a tempo sozinho, precisa de ajuda. O vizinho, cujo trigo ainda não está maduro, reflete: "Eu podia ajudá-lo na colheita e daqui a uns dias, quando o meu estivesse maduro, ele me ajudaria. Ambos teríamos salvo nosso sustento e o de nossas famílias. Mas, depois que eu o ajudar, ele vai querer mesmo retribuir?" Na dúvida, na desconfiança, decide não cooperar e com isso ambos perdem a colheita.

Para Hume esse comportamento não reflete necessariamente ignorância ou irracionalidade. Era um cálculo racional, digamos um cálculo de risco — na dúvida de não ser retribuído era racional não ajudar. Era a racionalidade expressando a impossibilidade de cooperar. Ambos teriam a ganhar se cooperassem, mas não são capazes de efetuar um compromisso mútuo confiável. Cada um teme que o outro vá "bancar o esperto" e ambos ficam à míngua. O que Hume quer mostrar com essa parábola é que comportamentos racionais podem produzir resultados que não o são. Se não houver confiança ou instrumentos definidos para obrigar a cada um a cumprir a sua parte no contrato, pessoas racionais não produzem espontaneamente bens coletivos. Ou, dito de outra forma, o uso da razão não é suficiente para produzir o bem-estar.

Uma sociedade cuja cultura pratica e valoriza a confiança interpessoal é mais propícia a produzir o bem comum, a prosperar. A cooperação voluntária, assentada na confiança, por sua vez, só é possível em sociedades que convivem com regras de reciprocidade e com sistemas de participação cívica. Em sociedades que tenham capital social, que, a exemplo de outras formas de capital, é produtivo e possibilita a realização de certos objetivos que sem ele seriam inatingíveis. "O capital social facilita a cooperação espontânea" e minimiza os custos de transação.

Há muitos exemplos históricos de iniciativas econômicas que só prosperaram porque houve confiança. Os casos mais mencionados são as associações de crédito rotativo, as associações de ajuda mútua, as associações de crédito em geral — ainda hoje, quando se fala em honrar compromissos, é comum lembrar que houve um tempo em que os homens assumiam o compromisso de pagar suas dívidas arrancando um fio de bigode e colando-o no que seria hoje uma letra promissória.

Se não houvesse a confiança nas regras e no empenho moral das pessoas em honrar compromissos, o capitalismo teria sido inviável. Outro exemplo sempre presente na literatura é o da comunidade de judeus em Nova York que lida com jóias e pedras preciosas. Há entre eles regras de confiança e de reciprocidade que permitem, por exemplo, que um diamante circule em várias mãos — do vendedor para o possível comprador, deste para o avaliador que vai aferir autenticidade e preço de mercado — sem um seguro financeiro bancário. Ou seja, a confiança desonera os negócios, agiliza operações, produz resultados mais rápidos. Confiar é bom — quando há cultura de confiança. E quando não há? Podemos criá-la a partir de um projeto deliberado? Ou estamos limitados, predestinados pela cultura?

A confiança, componente básico do capital social, pode derivar, segundo Putnam, de duas fontes: regras de reciprocidade e sistemas de participação cívica. Regras de reciprocidade têm a ver, segundo Putnam, com o que dizia Cícero, no tempo de César: "Nenhum dever é mais importante do que retribuir um favor." Mas têm a ver também com a aplicação de regras de constrangimento social, definidas clara e publicamente, para quem não coopera, não retribui, para quem transgride.

Os sistemas de participação cívica remetem à atuação em vários tipos de associações, voluntárias ou não, como corais, associações comunitárias de bairro, clubes de esportes, grupos de lazer, grupos de arte, partidos políticos, sindicatos, cineclubes, cooperativas, clubes de música, entre outros. Tudo isso representa uma ampla gama de possibilidades de cooperação horizontal. São participações em que cada um tem um grau de pertencimento e de importância relativamente igual e que possibilitam melhor informação, promovem as regras de reciprocidade, aumentam os custos potenciais de transgressão, redimensionam a confiança e possibilitam futuras colaborações. Na comunidade cívica o contrato que mantém a cooperação é um contrato moral. A sanção para quem transgride não precisa ser penal: pode ser a exclusão da rede de sociabilidade e de cooperação.

Para o autor, a consciência que cada cidadão tem de seu papel e de seus deveres, em conjunto com seu compromisso de igualdade política, constitui o cimento moral da comunidade cívica. Essa, por sua vez, é o outro lado da moeda do capital social, o único capital que cresce na medida em que é usado. Confiar e usufruir das vantagens de confiar produz mais confiança.

Capital social está definido aqui por três fatores inter-relacionados: confiança, normas e cadeias de reciprocidade e sistemas de participação cívica — sistemas que permitem às pessoas cooperar, ajudar-se mutuamente, zelar pelo bem público, promover a prosperidade. Diferentemente de outros capitais, constitui um bem público, não é apropriado privadamente nem produz resultados individuais.

A conclusão-chave dessa pesquisa de Putnam é que o norte da Itália demonstrava uma presença maior de capital social (produto da confiança, de regras de reciprocidade e de sistemas de participação cívica), o que lhe permitia não apenas ser mais desenvolvido, mas ainda aproveitar melhor as novas oportunidades de desenvolvimento que o governo descentralizado trouxera. Dessa ótica, o governo local autônomo, que tinha como grande meta distribuir melhor os recursos do país e produzir correções na desigualdade, acaba sendo mais bem aproveitado pela região que não tinha problemas graves de desenvolvimento.

O norte da Itália, a exemplo de outras sociedades com forte cultura cívica, viveria em um equilíbrio positivo, ou seja, reproduziria um "círculo virtuoso" através do qual as mudanças de interesse geral seriam sempre maximizadas pelas próprias virtudes da sociedade. As regiões mais atrasadas viveriam também um ponto de equilíbrio, mas um equilíbrio que repetiria o "círculo vicioso" de hábitos individualistas, clientelistas em suma, que reproduziria os vícios do grupo, impedindo uma vida próspera em comum.

Nas conclusões de Putnam cabia uma indagação dramática: as sociedades com pouca organicidade, pouca organização, mais clientelísticas, mais hierarquizadas, mais corruptas e com pouca tradição participativa democrática estariam condenadas ao fracasso? As sociedades são vítimas de sua trajetória? A história e o passado são limitadores estruturais para o futuro? O passado condena?

Essas perguntas remetem a algumas questões centrais nas ciências sociais. A maneira como Putnam as respondeu deu margem a dubiedades. De um lado, alguns o chamam de determinista cultural, alegando que supervalorizou o papel da cultura em detrimento de outras possibilidades de intervenção política e social. A cultura de uma sociedade, sabemos, não é o produto deliberado de um projeto prévia e racionalmente construído. A cultura é uma esfera humana de "geração espontânea", ou seja, é produto de convivências, coincidências, crenças e valores que vão sendo construídos por um grupo ou sociedade, em sua vida comum, em seus medos, necessidades e desejos. Não há qualquer motivo racional para que certos valores sejam praticados, para que certas crenças sirvam como guias de ação aos indivíduos comuns ou até mesmo aos governantes. Há hábitos e costumes em toda sociedade que são peculiares e cujo surgimento é normalmente explicado a posteriori através de tradições que, por sua vez, são construídas socialmente. A cultura é dinâmica mas será sempre expressão do passado, de tradições, de hábitos.

Posto isso, se a cultura tem tanto valor explicativo para o desenvolvimento das sociedades, as sociedades sem cultura democrática, a-cívicas, estão condenadas às trevas, ao atraso, à pobreza, ao mau governo? Se cultura cívica, confiança, reciprocidade, são a chave do sucesso para o desenvolvimento e para a democracia, como conseguir que sociedades não-cívicas consigam criá-las?

Putnam responde a isso de maneira objetiva, dando margem a outra interpretação sua de capital social. Afirma que é possível mudar hábitos e dinâmicas sociais de forma a produzir capital social, ainda que seja tarefa para décadas. As instituições agiriam sobre a cultura, mudariam hábitos e rotinas, mas esse seria um processo longo, e não de efeitos imediatos.

Essa capacidade de mudança cultural, ainda que lenta, através de políticas públicas, abre um leque amplo de expectativas para aqueles que querem propor mudanças com vistas ao desenvolvimento. Produziu outros tipos de reflexão e, principalmente, levou a várias experiências práticas de projetos de desenvolvimento. Para muitos analistas e proponentes de políticas públicas, ficaria o desafio de testar se capital social, onde faltasse, poderia ser construído em curto prazo. Essa foi uma possibilidade abraçada pelo Banco Mundial, que a partir dos anos 1990 começou a direcionar e a financiar projetos nesse sentido.

Paralelamente ao estudo sobre a Itália, Putnam se notabilizou pela publicação de vários outros trabalhos dedicados à sociedade americana, nos quais vem sistematicamente demonstrando como a capacidade associativa, marca registrada da sociedade civil norte-americana, está em declínio. Em um de seus estudos, "Bowling alone: America's declining social capital" [Jogando boliche sozinho: Declínio do capital social da América], artigo publicado em 1995, atribui especialmente ao hábito de ver televisão a tendência crescente de uma conduta individualista e de menor valorização da sociabilidade nos Estados Unidos. Esses estudos foram o passo inicial para uma série de pesquisas em todo o mundo democrático para avaliar a densidade organizativa dessas sociedades, as tendências nas mudanças de valores e o impacto dessas mudanças sobre o futuro da democracia. Na virada do século XX para o século XXI, uma série de coletâneas foram organizadas por especialistas visando a fazer um balanço do estado do capital social em democracias contemporâneas. Na maior parte dos casos, as conclusões apontam para um declínio nas formas de organização e de participação. Paradoxalmente, enquanto a democracia se impõe como valor universal, o tecido social que a viabilizou demonstraria sinais de desgaste. Novas modalidades de associativismo, novas redes, que ainda não sabemos avaliar, estão em formação? A democracia corre riscos mesmo onde tem sido uma tradição?

Esses dois temas — capital social e possibilidades de desenvolvimento econômico, capital social e o futuro da democracia — serão os tópicos aqui privilegiados. Antes, porém, convém situar melhor o conceito de capital social.

O conceito e sua aplicação em dois mundos

A expressão *capital social*, no sentido que está sendo usada aqui, foi mencionada pela primeira vez há cerca de um século. Em 1916, Lyda Judson Hanifan, um jovem educador, usou o conceito para descrever centros comunitários de escolas rurais, nos quais detectava que a pobreza crescente se fazia acompanhar pelo decréscimo da sociabilidade e das relações de vizinhança entre a população local. Segundo ele, a comunidade se beneficiaria da cooperação de todos e quando as pessoas criam o hábito de se relacionar, por razões sociais, de lazer ou econômicas, esse "capital social", ou seja, essa rede de relações pode ser dirigida para o bem-estar da comunidade.

No decorrer do século XX o conceito foi reinventado algumas vezes. Nos anos 1950 o sociólogo canadense John Seeley e seus colegas usaram a expressão para assinalar como o pertencimento de moradores suburbanos a certos clubes e associações facilitava o acesso a outros bens e a direitos, ainda que simbólicos. Na década seguinte Jane Jacobs se notabilizou como uma das mais importantes urbanistas do século. Em sua obra clássica *The Death and Life of Great American Cities* [*A morte e a vida das grandes cidades americanas*], usou o termo para enfatizar a importância de redes informais de sociabilidade nas grandes metrópoles e para demonstrar como sólidas redes sociais em áreas urbanas de uso misto constituíam uma forma de capital social que encorajava a segurança pública.

Nos anos 1970 o economista Glenn Loury e o sociólogo Ivan Light usaram a expressão quando analisaram o problema do desenvolvimento econômico em áreas centrais das grandes cidades americanas. Segundo eles, dentro de suas próprias comunidades, os afro-americanos não demonstravam ter os laços de confiança e de conexão social que existiam nos asiático-americanos e outros grupos étnicos. Isso explicava, em grande parte, a relativa ausência de pequenos negócios entre os negros, e essa incapacidade de cooperar e de confiar era, para os autores, um dos legados mais perversos da escravidão.

Nos anos 1980 o sociólogo francês Pierre Bourdieu definiu capital social como o agregador de recursos, reais ou potenciais, que possibilitavam o pertencimento duradouro a determinados grupos e instituições. Na mesma ocasião, o economista alemão Ekkehart Schlicht o utilizou para sublinhar a importância que a organização social e a ordem moral têm para o desempenho da economia.

Com o sociólogo americano James Coleman, em fins dos anos 1980, o conceito entrou definitivamente na agenda acadêmica através de dois artigos que se tornaram clássicos. Num deles examinava o papel das normas sociais como guias de ação para o indivíduo, como expectativas que expressam se nossas ações estão certas ou erradas. As normas prescrevem ações, comportamentos — a norma de não comer carne de porco em algumas religiões, por exemplo.

Normas são internalizadas pelas pessoas e são referencial para o que é certo ou errado. O não-cumprimento de certas regras sociais normalmente implica sanções para o indivíduo, o que reforça a própria norma. Normas dão sentido à sociedade, orientam as ações, tornam previsíveis determinados comportamentos, conferem textura e densidade à sociedade. É nesse sentido que podem ser também definidas como um capital social — como um mecanismo de satisfação e completude para a vida social. Coleman também define capital social por sua função: como qualquer capital, permite a criação de certos bens que sem a sua presença seriam impossíveis. Mas chama também atenção para o fato de que sociedades ou grupos ricos em capital social podem promover melhor o desenvolvimento das pessoas, ou seja, promover o crescimento do capital humano.

O passo seguinte foi dado por Robert Putnam, que, como vimos, estimulou um intenso debate sobre o papel do capital social e da sociedade civil na Itália e nos Estados Unidos. Tão importante quanto Putnam tem sido a contribuição do economista nipo-americano Francis Fukuyama, que dedicou vários livros ao tema das relações entre prosperidade econômica, cultura e capital social. Para isso fez longas análises de processos de desenvolvimento industrial nos Estados Unidos e em países da Europa e da Ásia.

Desde os anos 1990 o tema do capital social vem se expandindo em várias áreas de conhecimento, e a produção intelectual cresce significativamente. Putnam nos mostra um levantamento na literatura internacional em ciências sociais: vinte artigos até 1981, 109 entre 1991 e 1995, e 1.003 entre 1996 e março de 1999. Quem tiver acesso a recursos de pesquisa bibliográfica na Internet pode observar também a velocidade com que o tema é debatido mundo afora.

Trata-se de conceito emergente mas já consagrado na academia, de uso plural e que suscita dúvidas metodológicas. Grande parte da produção, aliás, dedica-se a explorar as dúvidas conceituais e os problemas de falta de rigor teórico com que o conceito vem sendo usado em alguns trabalhos. Embora seja ainda problemático e elástico, as definições, em geral, convergem e dão ao leitor uma idéia aproximada do seu sentido intelectual e de suas possíveis aplicações práticas. E esse ponto de convergência recai nas definições de Putnam e de Fukuyama e no potencial que o conceito possa vir a ter para servir de instrumento de intervenção, de predição e de previsão social.

Parte significativa da produção está voltada para critérios de mensuração. De um lado há os que consideram que não sabemos a priori o que é capital social, posto que é definido por suas funções e resultados. Medem-se, sem muito rigor, dizem alguns, os resultados do capital social, mas não o capital social em si. Várias metodologias têm sido propostas, especialmente por economistas, porém nada ainda parece consensual o bastante.

De toda forma, o debate caminha e o saldo recomenda avançar. Teoricamente é um conceito sedutor e sua aplicação empírica, na medida em que tem enfatizado especialmente as questões da pobreza e da democracia, ganha um apelo adicional. A pobreza é sem dúvida um dos maiores dramas humanos atuais: o mundo fica mais rico, produz cada vez mais alimentos, mas os famintos aumentam. No mundo rico, a esperança de vida cresce com a melhoria da qualidade da saúde e da alimentação, enquanto nas regiões mais pobres as necessidades se multiplicam. O mundo fica mais rico e menos justo, o sentimento de injustiça cresce, mas a capacidade de dar respostas a esses problemas parece engessada. Não por acaso, quando observamos as áreas geográficas em que vêm sendo feitas mais pesquisas e avaliações de projetos de desenvolvimento usando a perspectiva do capital social, vemos que o terceiro mundo é predominante.

A rigor, temos um conceito para dois mundos. Quando se trata de examinar capital social e democracia, as sociedades estudadas são as desenvolvidas, pois ali estão as democracias estáveis, cujo futuro parece abalado em função de um esvaziamento de capital social, que estaria sendo verificado em quase todas elas. Quando a meta é pensar capital social e desenvolvimento, excetuando-se os trabalhos de sociologia histórica como os de Fukuyama, o foco recai nas regiões mais pobres. Isso talvez dê um charme especial ao conceito e o democratize.

No tópico sobre desenvolvimento, se tomarmos como referência a biblioteca virtual do Banco Mundial, encontramos dezenas de trabalhos sobre vários países da África. Na Ásia, talvez os estudos sobre a Índia, China e Indonésia sejam mais extensos, mas a quantidade de sociedades asiáticas estudadas ou que foram objeto de políticas direcionadas para a produção de capital social é também imensa. O mesmo se passa com América Central, América do Sul e Caribe. Outra região que chamou a atenção das agências de fomento e dos analistas foi a Europa central e oriental, cujos países, em sua grande parte, passaram recentemente por conflitos étnicos, mudanças políticas drásticas ou até mesmo guerras civis.

Outra observação importante é a quantidade de assuntos e disciplinas em que o conceito vem sendo considerado. Numa consulta a instrumentos eletrônicos de busca e a coletâneas que vêm sendo recentemente publicadas, vemos que tem sido usado em disciplinas e temas como: família, jovens, educação, saúde pública, vida comunitária, democracia e democratização, turismo, governança, desenvolvimento econômico, problemas gerais de ação coletiva, comunidades virtuais, violência, sindicalismo rural, orçamento participativo, mulheres, sexualidade, gênero e feminismo, desenvolvimento local, desenvolvimento sustentado, poder local, democratização, religião, pobreza, comunidades indígenas, microcrédito, teoria econômica, mercado financeiro, valores culturais, impactos econômicos do altruísmo, da confiança e da reciprocidade, produção de conhecimento, organização empresarial, etnopolítica, planejamento urbano, criminologia, arquitetura, psicologia, trabalhos voluntários, crianças e infância, imigrantes, grupos étnicos, mercado de trabalho, movimentos sociais, sociabilidade nas empresas.

Em meio a esse emaranhado de temas, citaremos duas coletâneas recentes, bons exemplos do leque de possibilidades para o emprego do conceito. A primeira, de 2000, intitulada *Knowledge and Social Capital: Foundations and Applications* [*Conhecimento e capital social: Fundamentos e aplicações*] está dividida em três partes. A primeira compreende cinco capítulos, de autores diferentes, alguns deles já tradicionais nesse campo, dedicados à definição do conceito, seus problemas, funções, limites e virtudes. A segunda traz artigos voltados para a teoria de capital social no contexto de desenvolvimento das organizações e dos negócios. Aqui se faz a relação entre capital social e conhecimento organizacional, e se examina a formação de alianças empresariais e o desenvolvimento de comunidades virtuais. Um capítulo polêmico aborda o sucesso das indústrias de computadores no vale do Silício, nos EUA. O foco aqui recai para a aplicação do conceito em estratégia, modelagem e conhecimento empresarial. A terceira e última parte fornece ao leitor uma série de abordagens, incluindo métodos estatísticos e matemáticos para medir e identificar o impacto do capital social sobre as organizações econômicas. Outra coletânea, de 2001, *Social Capital: Theory and Research* [*Capital social: Teoria e pesquisa*], tem dois terços de seus capítulos dedicados aos temas do mercado de trabalho e da convivência institucional.

Não é fortuito que o tema tenha ganhado tanta notoriedade a partir dos anos 1990, época em que o Banco Mundial passa a explorá-lo em questões vinculadas à pobreza. Os assuntos e países focados pelo Banco mostram claramente uma preocupação em fortalecer os laços sociais em comunidades carentes e em fazer dos projetos de desenvolvimento econômico projetos geradores de capital social. Por que a preocupação a partir desse momento?

Para alguns, seria produto da vasta discussão dos anos 1970/80 acerca da crise do Estado, o que motivaria a sua retirada de algumas áreas econômicas e sociais. Na falta de um Estado forte, capaz de cumprir metas sociais, a atenção teria se voltado para a sociedade civil. Uma sociedade civil forte e saudável deveria ser capaz de corrigir distorções do mercado sem precisar da presença tão ativa do Estado. Seria assim uma forma necessária, mas escapista, de transferir para a sociedade responsabilidades que o Estado estaria impossibilitado de assumir. Para outros, era um dado objetivo de realidade, de mudança, refletindo a premência de uma parceria mais intensa e de uma cooperação mais estreita entre comunidade fortalecida e governo. Finalmente, para alguns, a idéia de capital social remete a uma velha utopia de pujança da sociedade civil, de sociedade forte e sadia o bastante para produzir o bem-estar de seus membros, a eqüidade social e a igualdade política. Uma sociedade que saiba se governar.

Não é fortuito também que o conceito tenha sido tão explorado, nessa mesma ocasião, para pensar o futuro das democracias onde elas prosperaram — o mundo desenvolvido. As transformações na economia e nas estruturas produtivas, bem como as mudanças de valores e atitudes em relação ao governo, à família e às instituições em geral, abrem um leque de possibilidades para pensar o impacto do capital social sobre a política e suas instituições. O que se chamou, e ainda se chama, de pós-modernidade — que na política se manifesta pela maior aceitação de valores pós-materialistas — tem gerado inquietações e inovações cujos resultados ainda não podemos aferir.

Captar essas mudanças, entender suas razões e interpretar seus possíveis reflexos sobre a democracia têm sido o objetivo principal do World Values Survey, projeto de pesquisa mundial sobre valores, que tem em Ronald Inglehart um de seus mais importantes pesquisadores. Capital social é assim um conceito tentador para dois mundos, cada um com sua ordem de problemas: o mundo da pobreza e da fome e o mundo das virtudes do desenvolvimento e da democracia. No primeiro, o conceito é pensado como instrumento de apoio à mudança; no segundo, como recurso para manter as virtudes do que existe.

Capital social e desenvolvimento econômico

Os achados de Putnam sobre o sul da Itália reforçaram as conclusões de Edward Banfield publicadas em 1958 no livro *The Moral Basis of a Backward Society* [*As bases morais de uma sociedade retrógrada*], no qual descreve o estudo realizado em uma cidade dessa região. "Familismo amoral" foi o termo cunhado por ele para se referir à incapacidade da população de cooperar, agir conjuntamente, prisioneiros que eram de uma cultura que os impedia de ir além dos interesses imediatos da família nuclear. Na cidade examinada por Banfield não havia qualquer jornal ou estradas de qualidade que facilitassem o escoamento da produção, não havia trabalho voluntário ou atividades religiosas comunitárias. Inexistiam hospitais, escolas de ensino médio ou qualquer iniciativa de interesse público, 40% da população era analfabeta. A desconfiança predominava, quer entre os moradores, quer destes para com as autoridades. Onde a desconfiança impera, concluía, as instituições são frágeis, e isso inviabiliza não só a democracia como também o desenvolvimento econômico.

Esse clima de desconfiança mútua generalizada e de ausência de compromisso para com o bem público foi também fonte inspiradora das reflexões de Francis Fukuyama sobre o desenvolvimento econômico em vários países.

Dois dos seus mais importantes livros sobre o tema foram traduzidos para o português: *Confiança: As virtudes sociais e a criação da prosperidade* e *A grande ruptura: A natureza humana e a reconstituição da ordem social.*

Putnam e Fukuyama enfatizam o papel da confiança para a prosperidade de uma nação, e, para ambos, confiança é a base para o capital social. Confiança é a expectativa de reciprocidade que pessoas de uma comunidade, baseada em normas partilhadas têm acerca do comportamento dos outros. Quem sente e sabe que pode confiar, recebe mais colaboração e aproveita melhor as oportunidades que aparecem. Por isso, poder confiar nos outros é um importante fator de desenvolvimento econômico.

Fukuyama não quantifica confiança nem o comportamento confiante, mas oferece contrastes qualitativos importantes entre os países que partilham mais ou menos confiança entre sua população e as repercussões que isso tem sobre a economia. Aponta diferenças na participação associativa a que se refere como "sociabilidade espontânea", em contraste com as sociedades cuja sociabilidade se dá por estruturas hierárquicas autoritárias. Qual seria a fonte da confiança para Fukuyama? Normas partilhadas. E de onde essas normas despontam? Da religião, da tradição, da história. Esses são macrofenômenos sociais pouco afetados pelas decisões individuais.

Como Putnam, também Fukuyama crê que o capital social está em declínio nos Estados Unidos, mas releva que aquele país continua sendo um dos que apresenta maiores índices de confiança e que esse declínio é um fenômeno que se faz presente em todos os países de economia avançada. Em seu livro sobre o papel das virtudes para a criação da prosperidade, defende a tese de que o processo histórico vem direcionando o mundo para o capitalismo e para a democracia. Mas, ao lado dessa tendência, verificam-se turbulências culturais e sociais em muitas partes do mundo. Dada essa premissa — a de que o capitalismo e a democracia liberal não têm concorrentes, não têm rivais —, o autor irá se perguntar quais princípios poderiam nos guiar para uma sociedade mais produtiva e mais rica.

Para responder a tal desafio, examina um amplo leque de culturas procurando entender que princípios ocultos poderiam levá-las à prosperidade. E suas conclusões vão contrariar autores à esquerda e à direita, na medida em que irá abandonar tanto as ortodoxas teses liberais da excelência do livre mercado quanto as teses socialistas de estatização e planificação. Para ele, a economia está permeada pela cultura e depende dos valores morais e da confiança social. São esses códigos não-escritos e não-falados que permitem ao cidadão minorar os custos da transação, praticar a criatividade e agir coletivamente. Em um mundo globalizado a cultura se tornaria um instrumento tão ou mais importante do que o capital físico, no que toca a vantagens ou desvantagens econômicas.

Fukuyama detém-se então em observar diferenças culturais entre os países e seus reflexos sobre a economia e, com isso, chega a conclusões e a arranjos metodológicos diferentes dos habituais. Seu argumento maior é o de que a cultura se reflete diretamente sobre a organização industrial de um país. Para tanto, também contraria as interpretações clássicas sobre desempenho econômico que, normalmente, agrupam as nações em três grupos: 1) Estados Unidos e seus parceiros do Nafta (Acordo de Livre Comércio da América do Norte); 2) a União Européia; 3) o Leste Asiático liderado pelo Japão e seguido pelos "tigres" Coréia do Sul, Hong Kong, Taiwan, Cingapura e China.

No primeiro caso, estaríamos falando de uma sociedade com forte ênfase nas liberdades econômicas individuais e no mercado, no caso da Europa, de sociedades com forte presença do Estado nas políticas de bem-estar e, no terceiro, teríamos as economias industriais emergentes, ou seja, as novas economias industriais que em inglês ganharam a abreviação de NICs (*new industrialized countries*). Para Fukuyama essa divisão é precária, pois para ele a diferença mais marcante entre os países capitalistas é a sua estrutura industrial, ou seja, a presença majoritária de grandes, médios ou pequenos negócios. A partir desse argumento ele irá rearrumar os conjuntos de países, criando nova tipologia.

Para ele EUA, Japão e Alemanha formariam um conjunto homogêneo, pois sua estrutura industrial está assentada em grandes corporações (Ford, Toyota, Siemens, por exemplo). Ao lado dessas grandes empresas, esses países ainda contariam com pequenas e médias companhias solidamente organizadas.

França e Itália, ao lado de Hong Kong, Taiwan e a República Popular da China, formariam outro bloco, caracterizado pelo domínio de pequenos e médios negócios liderados por famílias. A tese de Fukuyama é a de que a habilidade de formar organizações depende de contratos, regras de comércio exterior, cláusulas bem definidas sobre direitos de propriedade, mas também de aspectos morais que não estão explicitados em normas escritas. Depende, em suma, do capital social de cada sociedade, da capacidade de seus membros para interagir com confiança. Quando a desconfiança é grande, os indivíduos tendem a se proteger na família, na parentela, e, quando é pequena, permite a expansão de contatos horizontais e a ampliação dos negócios.

Embora admita que Japão e EUA são culturas muito diferentes, uma orientada pelo pertencimento ao grupo e outra pelo individualismo, Fukuyama advoga que ambas têm em comum a capacidade de confiar para além da família e dos grupos primários. Na China, Taiwan, Hong Kong e Coréia, ao contrário, têm prevalecido os laços familiares para o desenho da economia. Na China verifica-se a lealdade ao clã, ao parentesco, à família extensa, enquanto o Japão apresenta famílias menores. Países em que há baixa possibilidade de confiar para além das fronteiras das famílias não se caracterizam pela existência de grandes companhias e de grandes negócios. Isso porque formar grandes negócios supõe interagir com mais gente e confiar nos contratos e nas regras. Se não há a cultura da confiança para além da família, a associação para os negócios também se esvai. Na França, ele argumenta, a ausência de grandes corporações como marca da economia deve-se menos aos aspectos culturais da família e mais ao papel central que o Estado tem desempenhado em todos os ramos de atividade.

Segundo Fukuyama, na ausência de um amplo raio de confiança e de associativismo, uma sociedade teria duas opções para construir organizações econômicas de larga escala: 1) usar o Estado como promotor do desenvolvimento (como fazem o Brasil, Taiwan, França, entre outros); 2) recorrer a investimentos estrangeiros (por exemplo como é o caso de Cingapura, Malásia, Tailândia).

O autor ainda chama atenção para o fato de que Alemanha, EUA e Japão, países com alto grau de confiança social, são também nações que nunca experimentaram longos períodos de centralização político-estatal. A descentralização favoreceria o surgimento de associações civis e de organizações econômicas com liberdade de ação e expansão.

Fica claro que Fukuyama, ao fazer uma ampla defesa da confiança como base de desenvolvimento, faz também a defesa do livre mercado. Essa seria para ele uma associação virtuosa. No mundo atual, a crescente ação do Estado na vida social e econômica estaria destruindo a capacidade da sociedade e do mercado, ao mesmo tempo em que a incompetência dos governos geraria mais desconfiança dos indivíduos em relação ao Estado.

Capital social, capitalismo, liberalismo econômico e político seriam, para ele, uma combinação ideal para a promoção do desenvolvimento. Contudo, mais importante que suas apologias ideológicas é a defesa que faz de uma maior atenção às interações entre governo e sociedade, quando ele examina o desenvolvimento econômico. E, no exame dessas relações, o papel da cultura ganha uma notoriedade desconhecida quer pelos neoliberais, quer pelos estatistas.

Cultura tem sido também um dos focos mais enfatizados pelo Banco Mundial. Quando se diz aqui que capital social e cultura são as "chaves do desenvolvimento" denota-se a necessidade de que cada projeto financiado pelo Banco leve em consideração os valores culturais do meio onde será efetivado. Alguns casos se tornaram simbólicos. No Peru, um projeto voltado para determinada região periférica de Lima tornou-se bem-sucedido graças à atenção que se deu aos valores culturais e associativos da cultura inca, tais como coletivismo parentesco. A comunidade, ainda pobre, acabou por transformar-se em uma cidade, a Villa de El Salvador, hoje elevada à categoria de município. Na Guatemala há experiências bem-sucedidas de trabalhos junto a populações indígenas que viviam em condições de absoluta miséria. Os trabalhos de fomento dedicaram-se a promover a auto-estima, a resgatar valores grupais e a fazer desses aspectos culturais a base para a assimilação de uma política de desenvolvimento auto-sustentado. Na Venezuela, cooperativas de produtores e feiras de consumo familiar, organizadas com a colaboração do Banco Mundial, prosperaram e reduziram os custos dos alimentos graças à atenção dada aos hábitos de consumo e de organização da comunidade.

Um exemplo sempre citado em toda a bibliografia mundial sobre a importância da participação da comunidade nas ações do governo — e que também serve como exemplo para iniciativas intergovernamentais ou de fomento — é o orçamento participativo da prefeitura de Porto Alegre. A maneira como se passou a ordenar e a orçar as prioridades dessa cidade é expressão de uma perspectiva inovadora da administração pública. O mesmo aconteceu com a política de saúde voltada para o combate à mortalidade infantil no Ceará durante o governo Tasso Jereissati de 1990-94. Nesse caso, o governo atuou como proponente de uma política pública de saúde e, envolvendo a comunidade, multiplicou os resultados com baixos custos.

Aliás, todos os exemplos que acabamos de dar ressaltam que as políticas públicas não podem ser efetuadas apenas a partir da presença de um Estado-coordenador ou de um mercado livre. Eles denotam que se torna necessária uma atuação por redes, em que Estado, mercado e sociedade possam interagir e atuar conjuntamente de forma menos hierarquizada.

Há exemplos mundo afora, além dos mencionados, que se tornaram paradigmáticos como casos de sucesso: a região de Kerala, na Índia, e as políticas de apoio agrícola na Tanzânia, por exemplo. De toda forma, esses programas, que desde os anos 1990 fazem parte de uma agenda de combate à pobreza, ainda apresentam resultados precários, tendo em vista os propostos. Em 1990 o Banco Mundial, o Fundo Monetário Internacional e as Nações Unidas estabeleceram as seguintes metas até 2015: reduzir pela metade a quantidade de pessoas vivendo em extrema pobreza, ou seja, com menos de um dólar por dia; matricular todas as crianças na escola primária; reduzir em dois terços a taxa de mortalidade infantil; proporcionar a todos que precisem o acesso à saúde reprodutiva; reverter custos ambientais. Em um prazo menor, até 2005, propôs-se a promoção da igualdade social entre homens e mulheres.

Por várias razões, nos balanços parciais feitos até agora, verifica-se que, no plano mundial, essas metas não estão sendo atendidas, especialmente no que toca à pobreza. De toda forma, ainda prevalece a idéia de que é necessário envolver a comunidade nas ações do governo, e este, por sua vez, deve se tornar mais responsável. Capital social seria, ainda, portanto, um conceito útil e necessário.

Outro importante economista, Albert Hirshman, define capital social como aquele que aumenta dependendo da intensidade de seu uso, no sentido de que praticar cooperação e confiança produz mais cooperação e confiança e, logo, mais prosperidade. No sentido aqui aplicado, capital social é bom para a economia e, portanto, bom para a sociedade. Isso porque as sociedades fortes em capital social não geram apenas mais riqueza: geram também sentimentos de igualdade, de justiça, de bem comum. O crescimento econômico viria acompanhado de bens sociais, direcionados para o bem das pessoas e não para o aumento da riqueza como um fim em si mesmo. Nessa mesma linha de raciocínio, outro economista, Amartya Sen, prêmio Nobel de economia em 1999, diria em seu livro *Desenvolvimento como liberdade* que o desenvolvimento econômico só faz sentido se tiver o homem como meio e como fim. Um ser humano que vive na penúria não tem condições de escolher seu modo de vida, a escola de seus filhos, o tipo de trabalho que vai praticar. A pobreza, a falta de recursos básicos, priva o indivíduo do exercício de suas liberdades primárias. Pior, impede-o de ser capaz de escolher.

Democracia, cultura cívica e sociedade civil

Quando associamos capital social a democracia é obrigatório mencionar, ainda que rapidamente, as origens e o porquê dessa relação. De há muito, pode-se mesmo dizer que desde os gregos, é comum falar-se na necessidade de uma correspondência entre a cultura de um povo e suas instituições políticas. Ou seja, a idéia de que as leis e os arranjos institucionais não podem ser completas abstrações, precisam se vincular às suas crenças, suas tradições e seus hábitos.

Montesquieu foi talvez o primeiro cientista político a partilhar seriamente de uma postura política relativista quando da análise dos governos e suas formas. Ou seja, é antiga a idéia de que as instituições políticas não são arranjos formais independentes dos contextos em que operam.

Na medida em que, a partir do século XIX, os valores do governo representativo e da democracia foram se tornando mais fortes, o conceito de cultura política foi sendo mais qualificado. Cultura política é um fenômeno universal — onde há uma comunidade humana há formas organizadas de poder e há portanto uma cultura política —, mas essa cultura pode ser autoritária. A discussão sobre o aprimoramento da democracia levou, quase que obrigatoriamente, ao exame de seus aspectos culturais. Culturas políticas democráticas eram aquelas em que predominavam o espírito cívico, eram culturas cívicas.

O maior teórico a perceber esse fenômeno foi alguém que jamais usou nenhuma dessas expressões, mas compreendeu sua importância com clareza ímpar. Referimonos ao viajante e aristocrata francês Alexis de Tocqueville. Ele observou, em *Democracia na América*, publicada em meados do século XIX, um agudo contraste entre a França e os EUA. Nestes últimos, que visitou durante alguns anos, na década de 1830, observa haver uma rica "arte de associação", isto é, uma população habituada a se reunir em associações de voluntários para fins religiosos, educacionais, políticos e outros. A democracia americana e seu sistema de governo democrático, que limitava os poderes dos governantes, funcionavam bem porque os americanos tinham prática em formar essas associações. Essa capacidade de auto-organização significava que o governo não precisava impor a ordem de uma forma hierárquica, de cima para baixo. A associação civil também era uma "escola de autogoverno" que ensinava às pessoas hábitos cooperativos que elas levavam consigo para a vida pública.

Americanos de todas as idades, de todos os tipos, estariam, segundo Tocqueville, sempre formando associações de caráter político, intelectual ou moral. As instituições políticas formariam a textura da sociedade civil e, quanto mais o cidadão se envolvesse nessas associações, mais propensão teria para atuar em outras. Instituições políticas sólidas seriam o cerne de uma teoria geral do associativismo. Na ausência de tais instituições — e a ciência política moderna tende a concordar com Tocqueville — as sociedades altamente mobilizadas correm o risco da desordem e da anarquia. Em outras palavras, as instituições políticas organizam a participação, dão-lhe eficácia. Se não há instituições políticas consolidadas e legitimadas, a vida em sociedade torna-se desorganizada e caótica.

Outra característica que encantou Tocqueville nos EUA foi a liberdade de imprensa, a quantidade de pequenos jornais por toda a parte, a livre circulação da informação. Associações voluntárias, imprensa livre e a prática da igualdade conferiam singularidade à democracia na América e marcavam a diferença com a Europa, especialmente a França, onde predominava ainda uma cultura aristocrática e hierárquica, apesar dos protestos por igualdade, que haviam produzido a Revolução Francesa.

Em linguagem atual, seria correta, portanto, a proposição de que, para Tocqueville, sem sociedade civil organizada, sem cultura cívica e liberdade, não haveria confiança nem relações horizontais de poder. Não haveria capital social, e sem capital social não haveria democracia bem-sucedida.

O termo "cultura cívica", no entanto, só entrou para a agenda acadêmica nos anos 1960 e, a partir de então, serviu de pano de fundo para explicar a imensa quantidade de ditaduras que se formaram nessa época, especialmente na América Latina. Em 1963 Gabriel Almond e Sidney Verba lançaram um livro que se tornou célebre chamado *The Civic Culture: Political Attitudes and Democracy in Five Countries* [*A cultura cívica: Atitudes políticas e democracia em cinco países*], abordando a questão da cultura política em dois países considerados democráticos — EUA e Inglaterra — e em três com baixa densidade democrática — Itália, Alemanha e México. O estudo propunha-se a ir além da temática das instituições para entender a democracia e fez claramente dos termos "cultura cívica" e "cultura política" variáveis relevantes no estudo da política. O ponto de vista era o de que, tanto quanto as estruturas institucionais de poder, atitudes, crenças e valores individuais têm importante papel na definição de preferências políticas. Sendo uma sociedade democrática, com eleições regulares, essas preferências seriam aferidas regularmente a cada pleito, orientando o governo, aprovando ou desaprovando o que viesse a fazer. Verificou-se também que a população dos países considerados menos democráticos tinha um sentido mais baixo da eficiência do governo e atribuía menor valor à política e as suas instituições. Nesse sentido, não achava tão importante a participação política — já que os resultados não lhe pareciam bons. Nesses países prevalecia a idéia de que "participar não vale a pena".

Os mesmos autores, anos mais tarde, em outra pesquisa, *The Civic Culture Revisited* [*A cultura cívica revisitada*], de 1981, observam, na linha do que Putnam e outros viriam a dizer, que as instituições democráticas podem ter influência positiva sobre a cultura política no sentido de democratizá-la. O exemplo mais acabado disso era a Alemanha Ocidental (ex-nazista) que, depois de duas décadas de regime democrático, apresentava, nos anos 1970, um índice bem mais alto de valorização da democracia. Isso queria dizer que valores democráticos podiam ser criados através do exercício de arranjos institucionais democráticos.

Como se vê, os problemas inerentes ao conceito de capital social (democracia e prosperidade) vêm de longa data e, para tratá-los, adaptações metodológicas são constantes. Capital social é uma dessas formas. Tem como característica peculiar em relação às discussões anteriores o fato de estar valorizando mais explicitamente as relações entre as várias institucionalidades.

Vemos também que o conceito de sociedade civil é crucial. Sem fazer sua genealogia, convém lembrar que, quando falamos de sociedade civil, estamos nos referindo a uma sociedade em que grupos organizados, formais ou informais, com independência do Estado e do mercado, têm condições de promover ou de facilitar a promoção de diversos interesses da sociedade. Capital social, isto é, as relações informais e de confiança que fazem com que as pessoas ajam conjuntamente em busca de um bem comum, é fundamental para que novas e velhas organizações da sociedade civil possam prosperar e dar oportunidade de participação aos que ainda carecem de engajamento ou de proteção.

Dito de outra forma, aqui se faz presente a idéia de sinergia, a energia que vem da confluência positiva de vários fatores, no caso governo, organizações formais e informais (sociedade civil) e mercado. Não se trata de qualquer um deles substituir as fraquezas ou as irresponsabilidades de outros. Não se trata de o mercado suprir as deficiências do Estado ou de a sociedade suprir as possíveis irresponsabilidades de ambos. Trata-se de cooperação que tem como principal alvo o bem-estar do indivíduo e o zelo pelo governo democrático e transparente.

O declínio do capital social e o futuro da democracia

Em 1995, com o já mencionado artigo "Bowling alone", Putnam inicia um intenso e fértil debate sobre as mudanças no associativismo norte-americano e seus possíveis reflexos sobre a "comunidade cívica" de seu país. Essa discussão é levada para outras sociedades democráticas e inicia-se uma reflexão internacional sobre mudança de hábitos culturais e de valores na pós-modernidade e sobre seus impactos sobre a democracia. Com isso, retoma-se o tema da cultura cívica.

Jogador habitual de boliche, um esporte de tendência associativa nos Estados Unidos, Putnam observa que seus conterrâneos passaram a praticar esse esporte desacompanhados. As ligas de boliche, tradicionais no país, não mobilizavam mais as pessoas da mesma maneira.

Essa constatação foi o ponto de partida para um estudo sobre o estado do associativismo no país, marca registrada da democracia norte-americana. Putnam observa que, apesar de os americanos estarem jogando boliche sozinhos, a participação nesse esporte ainda era maior do que nas eleições. Os americanos vinham em uma tendência constante de se envolver menos em assuntos políticos, fato que Putnam denominou de "desengajamento cívico". Ele constata que esse declínio participativo se verificava também em outras áreas além da política: nas ações comunitárias das igrejas, na filiação a organizações, no envolvimento em atividades sindicais, na filiação a partidos políticos etc.

As evidências seriam de que o norte-americano estava reduzindo seus hábitos associativos, seus esforços de ação voluntária, e até mesmo nas atividades de lazer estaria se isolando. O crescimento do "terceiro setor", um setor não lucrativo, não era para o autor uma forma tradicional de cultura cívica. Putnam nota também que, dadas as condições da sociedade americana de maior educação, melhores condições de vida, fatores que propiciariam um aumento de civismo, o resultado era inverso. Para esse declínio poderiam concorrer vários fatores. Um deles seria a crescente presença das mulheres no mercado de trabalho, mudando hábitos de família e de participação voluntária feminina em entidades locais. Esse argumento, no entanto, é relativizado quando se observa que também entre os homens o associativismo declinou na mesma proporção.

Putnam procura, em longa pesquisa, as causas desse desengajamento e conclui que o hábito de ver televisão parecia ser a variável mais explicativa. Jogando boliche sozinhos, os americanos perdiam uma oportunidade de encontrar amigos, falar de política, reclamar de seus trabalhos, comentar os acontecimentos da cidade e do país. Verificou também que esse desengajamento era maior entre aqueles nascidos a partir da Segunda Guerra Mundial, mas esses sintomas geracionais só apareceriam nos anos 1970 e 1980. A preocupação imediata causada pela constatação da perda de densidade da sociedade civil no país remetia aos seus reflexos sobre o capital social e, portanto, sobre o futuro da democracia.

Sua conclusão era a de que o fortalecimento da confiança cívica, do capital social, deveria entrar na agenda social da política norte-americana. O desengajamento verificado era, para ele, o maior desafio para os Estados Unidos. Se as coisas melhorassem nesse campo, tudo iria melhor, a começar pela política.

Theda Skocpol, representando nos anos 1980-90 uma tendência nas ciências sociais que reivindicava uma maior responsabilidade do Estado — ela se notabilizou pela expressão "trazer o Estado de volta" —, critica em Putnam o que chama de uma visão romântica, neotocquevilliana da política. Critica a ênfase que ele dá ao revigoramento da sociedade sem mencionar a necessidade de o governo estar mais próximo do cidadão e ser mais responsável. Para ela, as associações cívicas nos EUA surgiram sempre em consonância com a ação do governo. Mas a partir da década de 1960 a política norte-americana muda radicalmente, com as campanhas políticas através da televisão e com os crescentes aspectos financeiros envolvidos em uma eleição presidencial. Para ela, a história eleitoral norte-americana e o Congresso sempre nutriram e recompensaram as associações voluntárias. Na medida em que a política se torna mais monetarizada, afasta-se mais das pessoas e o governo fica mais distante. A organização da sociedade norte-americana, argumenta Theda Skocpol, nunca floresceu à margem do governo e da política democrática inclusiva. Se queremos revitalizar a sociedade, temos que revitalizar a política democrática. Restabelecer apenas grupos voluntários não seria, para ela, suficiente.

Os argumentos de Theda Skocpol merecem ser levados em conta mesmo para o caso da América Latina, cuja monetarização da política não passa pela mesma opulência norte-americana. Mas aqui também, há algumas décadas, e coincidentemente nos anos de restauração democrática, nota-se uma dissonância entre o que é prometido nas campanhas e o que é efetivamente feito. Numa interpretação mais rasteira, poderíamos falar de estelionato eleitoral. De maneira mais cuidadosa, podemos inferir que as promessas de campanha são promessas para ganhar a eleição — o que o eleitor quer ouvir — e que o momento governamental é o tempo da política real — o que é possível fazer frente a vários constrangimentos, que vão desde a vontade de fazer até os golpes especulativos do capital financeiro globalizado.

As decepções constantes com os governantes não favorecem os valores democráticos. Desencantam, fazem o cidadão se retrair. Assim mesmo, para a América Latina, ainda não há nenhum movimento cultural ou ideológico que considere a ditadura uma alternativa melhor à democracia. Os valores democráticos na região crescem mesmo quando a crise social e a instabilidade política se agravam. Isso é o que vêm demonstrando, por exemplo, as consistentes pesquisas de uma importante organização de pesquisa, o LatinoBarometro.

As críticas que Putnam recebeu acerca de seu culturalismo ou de sua visão romantizada da sociedade não o fazem mudar de direção. Em 2000 publica em livro uma seqüência das pesquisas anteriores sobre a democracia norte-americana: *Bowling Alone: The Collapse and the Revival of American Democracy* [*Jogando boliche sozinho: Colapso e renascimento da comunidade americana*]. Trata-se de um longo estudo de sociologia histórica sobre a origem e a qualidade das associações norte-americanas desde o século XIX.

Putnam recorre a mais de 500.000 entrevistas realizadas no último quarto do século XX para mostrar como os norte-americanos assinam menos petições, pertencem a menos organizações onde possam encontrar amigos e vizinhos, e até ficam menos com as famílias. O autor demonstra que os pais estão menos envolvidos com as escolas dos filhos, as associações religiosas decrescem, o envolvimento com partidos, sindicatos, ligas de esporte etc. continua caindo nas três últimas décadas do século XX.

O livro está organizado em quatro seções. Na primeira, Putnam descreve as tendências de desengajamento. Na segunda, identifica as causas dessa deteriorização até concluir que assistir à televisão continua sendo a variável com maior valor explicativo. Para isso ele considerou fatores como a pressão do trabalho sobre o cidadão; as dificuldades econômicas dos EUA no período; a mobilidade residencial; a suburbanização da população; a inserção das mulheres no mercado de trabalho; a instabilidade dos casamentos e rupturas nos laços familiares; as mudanças na estrutura da economia; os protestos culturais e pacifistas dos anos 1960; o crescimento do *welfare state*; a revolução nos direitos civis; a televisão; e a revolução tecnológica.

Na terceira seção, Putnam identifica as conseqüências negativas desse declínio para a educação, para o bem-estar e para a democracia. Ao fim, na quarta seção, alerta que os EUA precisam "desesperadamente" reinventar práticas cívicas do passado para fortalecer as instituições e revigorar a sociedade. E ressalta que essa utopia não pode ser deixada apenas sob a responsabilidade espontânea de cada indivíduo, e que o governo tem parcela de responsabilidade em tudo isso. Putnam propõe algumas alternativas para reverter esse quadro de declínio, relembrando a explosão cívica norte-americana na virada do século XIX para o XX. Para seus críticos, ele o faz em um tom quase pastoral de exortação moral.

Se o quadro nos EUA é esse, ou quase esse, o que se passa com as outras democracias estáveis? De uma forma geral os estudos nessa direção apontam que também nelas se verifica um declínio de capital social e de cultura cívica. O próprio Putnam organizou um livro, *Democracy in Flux* [*Democracias em movimento*], publicado em 2002, onde Inglaterra, Japão, França, Espanha, Alemanha, Suécia, Austrália e EUA (examinados por outros autores que não o próprio Putnam) são estudados tomando por foco essa preocupação. De uma maneira geral — com exceção da Alemanha — todos os autores tendem a concordar que as antigas formas de capital social estão em declínio. Mas há também indagações importantes: as antigas formas de associativismo não estão sendo superadas por outras que não sabemos ainda valorar ou medir? Sindicatos e partidos, por exemplo, devem continuar sendo aferidores de participação e de cultura cívica, quando sabemos de todas as mudanças no mundo da economia, do trabalho e da política? Para o caso norte-americano, Theda Skocpol mais uma vez lembra o fato de a política norte-americana estar cada vez mais burocratizada e de as associações voluntárias estarem sendo substituídas por burocracias bacharelescas.

Outra coletânea, *Disaffected Democracies: What's Troubling the Trilateral Countries?* [*Democracias descontentes: Qual o problema dos países trilaterais?*], examina a chamada "democracia trilateral", isto é, EUA, Europa e Japão. Em todos verificam-se a insatisfação e a frustração do cidadão para com seus governos. Os estudos mostram que isso não é resultado de rupturas no "tecido social", de crises econômicas, indefinições ideológicas posteriores à guerra fria ou de cinismo público. Ao contrário, concluem que o problema maior reside na política e no próprio governo. As fontes do problema seriam a pouca capacidade de o governo atuar em um mundo globalizado e interdependente, o declínio do desempenho das instituições, tudo isso combinado com novas expectativas e novos usos da informação que alterariam a maneira de o cidadão julgar seu governo.

Como último exemplo dessa discussão entre responsabilidades da sociedade civil e do governo — note-se que não são excludentes, é uma questão de ênfase —, temos o livro *Beyond Tocqueville* [*Além de Tocqueville*], de Bob Edwards, Michael W. Foley e Mario Diani, que, examinando vários países da América Latina e da Europa do Leste, conclui sobre a importância de políticas públicas responsáveis e sobre a necessidade de os governos serem transparentes e confiáveis. Governos corruptos aumentam a distância em relação à sociedade e incentivam práticas mafiosas e predatórias.

Esses debates são importantes porque insistem na precisão conceitual e nos possíveis usos para o conceito de capital social. São importantes especialmente porque remetem às relações entre governo e cidadão, entre participação política, transparência e boa governança. Capital social tem a ver com tudo isso, mas, na medida em que faz do cidadão engajado o cerne da política democrática, é preciso, segundo alguns, tomar cuidado para não esquecer que o governo também precisa ser responsável.

É isso o que se depreende de um brilhante livro de 1999 intitulado *Social Capital and European Democracy* [*Capital social e democracia européia*]. Nele os autores mostram que nas democracias européias bem sucedidas houve e há uma relação de confiança e de cooperação entre o cidadão e o governo. São, em geral, sociedades com forte presença do Estado na área social e econômica e também com forte participação social. O governo não é um suspeito, o Estado não é inimigo. Essa confiança entre Estado e cidadão, para além da confiança interpessoal, dá solidez a essas democracias. Isso fica bem explícito nos casos da Suécia, Dinamarca e Finlândia, por exemplo.

Vale ainda mencionar dois países, não por razões metodológicas nem por sua expressividade maior, mas porque se destacam quando se começa a ler sobre o tema. Um é o Canadá, país que tem orgulho de sua cultura cívica, que se pensa mais cívico e menos materialista do que os Estados Unidos. Os estudos sobre esse país querem chamar atenção para a especificidade canadense — e quando se diz especificidade falamos de uma certa necessidade de ter autenticidade quando comparado aos Estados Unidos.

Os censos no Canadá revelam que um em cada dois canadenses pertence a algum tipo de associação, que o número de filiações continua crescendo, embora diminua a quantidade de horas a elas dedicadas. Mostram também que, ao contrário dos Estados Unidos, os jovens são um terço da população engajada em alguma atividade voluntária — embora, como de praxe, esse associativismo seja mais alto entre os mais educados e os de maior renda. As pesquisas mostram ainda que os canadenses criticam mais os seus governos, mas isso também é tomado como sinal de vitalidade da sociedade civil e não, como quer Putnam, um indicador de que não acreditam na democracia. No Canadá ainda se praticaria o skatismo como um esporte agregador, enquanto os norte-americanos passaram a jogar boliche sozinhos. Entre os autores canadenses que têm se voltado para essa temática, um dos mais importante é David V.J. Bell, que vem dedicando grande parte de seus trabalhos ao estudo da cultura política e suas manifestações no Canadá.

Outro país cujos aspectos de natureza política chamam atenção é a Espanha. Os vários estudos acerca de democracia e capital social nesse país se detêm em análises acuradas sobre os efeitos perversos e duradouros da guerra civil sobre a população. O trauma da guerra gerou o medo de falar em política, as execuções sumárias de partidários de todas as tendências produziram o medo de confiar nos outros. Entre os países da Europa, os de mais baixo capital social, não por acaso, são Portugal e Espanha. O legado das ditaduras ainda é forte, particularmente na Espanha, país em que a lembrança da guerra fez com que várias gerações abolissem a discussão política do seu dia-a-dia.

O caso espanhol pode embasar outros estudos sobre o papel do capital social na construção da democracia, nos processos de transição. Alguns trabalhos sobre o país demonstram como as organizações políticas formais podem ser capazes de ajudar a reconstruir redes de capital social. Na ausência de uma sociedade civil densa, outros mecanismos formais podem ser buscados para engajar indivíduos em uma ação coletiva visando a objetivos de consolidação democrática. Sinal disso foram os vários acordos e pactos assinados por organizações políticas e civis entre os anos 1977 e 1986. O mais importante foi o Pacto de Moncloa, de 1977, que criou o consenso democrático para a carta de 1978.

O desejo de viver em uma democracia levou comunistas, socialistas, conservadores, nacionalistas, sindicatos patronais e de trabalhadores e outros grupos a firmarem certos acordos quanto a metas políticas e econômicas. Esse teria sido um dos momentos simbólicos mais relevantes na história do país, pois terminava com séculos de divisionismo e de violência. Os pactos teriam facilitado a mudança, combinando interesses diversificados e reconhecendo interesses mútuos. Principalmente, os pactos serviram para isolar os que conspiravam, com velhos e novos hábitos, contra a democracia e contra a moderação — criaram cooperação. A partir daí, novos espaços foram se abrindo para a participação de atores antes excluídos, especialmente os trabalhadores e seus sindicatos, e as relações industriais também foram se democratizando. Os partidos, em especial os de esquerda, e as centrais sindicais acabaram servindo também como fontes de capital social entre os trabalhadores.

Na Espanha, as instituições políticas deram sinal de que podem ser promotoras de capital social e ajudar a alavancar a organização da sociedade civil. Esta, contudo, não é uma conclusão unânime. Para alguns autores, mudar a cultura política espanhola de baixa confiança requer algo mais do que promover instituições políticas democráticas e aumentar a educação geral do povo: é necessário tempo, pois essa é também uma questão geracional.

Vê-se aqui que, assim como capital social é uma maneira de manter ou aprimorar sociedades já democráticas, também pode ser um instrumento para promover a emergência da democracia onde ela falhou. As instituições políticas criadas nesses países podem ser os agentes a ensinar tolerância, compromisso e participação e a formar futuros líderes. Nessas democracias emergentes o capital social auxiliaria a promover críticas ao governo, a formar redes de oposição e de informação.

Conclusões

Conceito novo para uma antiga preocupação. Nova denominação para um antigo conceito. Ou ambas as coisas. E apesar das críticas o termo se mantém. Críticas que vêem a discussão sobre capital social como um disfarce para o esvaziamento do Estado nas últimas décadas ou como uma maneira de encobrir as irresponsabilidades do poder público. Críticas quanto ao possível caráter tautológico de sua definição: se capital social é definido por resultados, haveria capital social onde houvesse resultados promovidos pelo capital social.

O termo convive ainda com análises alarmistas que vêem o decréscimo de capital social como uma característica comum a todas as democracias — o que significa perspectiva de menos democracia. Esses cenários alarmistas tomam muitas vezes como modelo a democracia americana, que, na verdade, é um caso muito peculiar de união feliz entre associativismo, religião, liberalismo e capitalismo moderno, isso para reduzirmos a uma mesma chamada as obras de Tocqueville e Max Weber sobre os Estados Unidos.

Se cuidados metodológicos ainda são necessários, se há problemas quanto ao teor conceitual do termo, se não é possível por ora medir com exatidão o que é capital social, também é verdade que estamos diante de uma ferramenta que tem despertado um debate acadêmico sério e que tem servido para a experimentação de novas estratégias de desenvolvimento em comunidades carentes.

Capital social não é um instrumento que opera solitariamente. Reflete uma maneira integrada de agir e de interagir que tem na confiança e na cooperação as moedas da boa sociedade. Não é substituto de nada, assim como não supõe que o mercado possa ser o substituto do Estado.

Toda essa discussão, pode-se dizer, permeia uma linha de pensamento que diz que o Estado pode ser problema mas pode também ser solução. Ou seja, o Estado é um problema quando age de forma predatória e é uma solução quando atua de forma responsável e transparente. Cada parte — Estado, sociedade e governo — tem funções definidas, mas elas podem atuar conjuntamente, de forma congruente e sinérgica. A recente discussão sobre capital social tem chamado atenção para a importância da cooperação e da confiança entre as pessoas, e entre estas e suas instituições. Tem enfatizado a necessidade de uma maior responsabilidade dos governantes em suas tarefas de governo. E tem principalmente salientado a importância de aspectos morais nos debates sobre desenvolvimento.

Capital social nos remete a valores que vão além do racionalismo econômico e talvez por isso gere tanto descontentamento entre os metodólogos que não conseguem medi-lo com a mesma precisão com que se calcula a queda ou a alta de uma bolsa de valores. Sem apelos moralistas, o conceito de capital social nos lembra aspectos éticos da vida em comum, valoriza a cultura humana em suas diferentes manifestações e, nesse sentido, não pode ser um artifício para a imposição de um modelo de sociedade sobre outra.

Considerado dessa maneira, deve continuar sendo um estímulo para os desafios práticos e teóricos quer do aprimoramento democrático, quer do desenvolvimento. Ao que tudo indica, é uma ferramenta cujo nome pode ser reinventado, mas que continuará entre nós, despertando as mesmas indagações que inquietaram Hume, Tocqueville e Putnam nos séculos XVIII, XIX e XX.

Referências e fontes

ALMOND, Gabriel e Sidney VERBA. *The Civic Culture: Political Attitudes and Democracy in Five Countries*. Princeton, Princeton University Press, 1963.

_____ (orgs.). *The Civic Culture Revisited*. Newsbury Park, Sage Publications, 1981.

BANFIELD, Edward. *The Moral Basis of a Backward Society.* Glencoe/ Chicago, The Free Press/ The University of Chicago, 1958.

COLEMAN, James S. "Social capital in the creation of the human capital", *American Journal of Sociology* 94 (9).

_____. "Norms as social capital", in Gerard Radnitzky and Peter Bernholz (orgs.) *Economic Imperialism*. Paragon, House Publishing, 1987, p.133-55.

DETH, Jan W. Van, Marco MARAFFI, Ken NEWTON e Paul F. WHITELEY (orgs.). *Social Capital and European Democracy*. Londres, Routledge, 1999.

EDWARDS, Bob, Michael W. FOLEY e Mario DIANI (orgs.). *Beyond Tocqueville. Civic Society and the Social Capital Debate in Comparative Perspective*. Hanover, University Press of New England, 2001.

EVANS, Peter (org.). *State-Society Synergy: Government Action and Social Capital in Development*. Berkeley, UC Berkeley, International and Area Studies Publications, 1997.

FUKUYAMA, Francis. *Confiança: As virtudes sociais e a criação da prosperidade*. Rio de Janeiro, Rocco, 1996.

_____. *A grande ruptura: A natureza humana e a reconstituição da ordem social*. Rio de Janeiro, Rocco, 2000.

HIRSHMAN, Albert. "Against parsimony: three cases way of complicating some categories of economic discourse", *American Economic Review* 74, 1984.

INGLEHART, Ronald. "Democratização em perspectiva global", *Opinião Pública*. Unicamp/Cesop, jul/ago 1993.

JACOBS, Jane. *The Death and Life of Great American Cities*. Nova York, Random House, 1961.

KLIKSBERG, Bernardo e Luciano TOMASSINI (orgs.). *Capital social y cultura: Claves estratégicas para el desarrollo*. Buenos Aires, BID/Fondo de Cultura Económica de Argentina, 2000.

LESSER, Eric L. (org.). *Knowledge and Social Capital: Foundations and Applications*. Boston, Butterworth Heinemann, 2000.

LIN, Nam, Karen COOK e Ronald S. BURT (orgs.). *Social Capital: Theory and Research*. Nova York, Aldine de Gruyter, 2001.

PHARR, Susan J. e Robert PUTNAM (orgs.). *Disaffected Democracies: What's Troubling the Trilateral Countries?* Princeton, Princeton University Press, 2000.

PUTNAM, Robert. "Bowling alone: America's declining social capital", *Journal of Democracy* 6(1), 1995.

_____. *Comunidade e democracia: A experiência da Itália moderna*. Rio de Janeiro, Ed. FGV, 1998.

_____. *Bowling Alone: The Collapse and the Revival of American Democracy*. Nova York, Simon and Schuster, 2000.

_____. *Democracies in Flux: The Evolution of Social Capital in Contemporary Society*. Oxford, Oxford University Press, 2002.

SEM, Amartya. *Desenvolvimento como liberdade*. São Paulo, Companhia das Letras, 2000.

SKOCPOL, Theda e Morris P. FIORINA (orgs.). *Civic Engagement in American Democracy*. Nova York, The Brooking Institution Press, 1999.

TOCQUEVILLE, Alexis de. *Democracia na América*, várias edições.

Leituras recomendadas

A bibliografia em português sobre capital social é escassa. Em 1999, Jawdat Abu-el-haj publicou uma resenha bibliográfica, "O debate em torno do capital social: Uma revisão crítica" (BIB 47, Rio de Janeiro, 1º sem. 1999, p.65-790), em que não havia uma única obra em português. As referências mais importantes são o livro de Robert Putnam *Comunidade e democracia* e os dois livros de Francis Fukuyama indicados nas Referências e fontes.

Sobre o conceito de cultura política, pode-se consultar o artigo de Karina Kuschnir e Leandro Piquet Carneiro "As dimensões subjetivas da política: Cultura política e antropologia da política" (*Estudos Históricos* 24, 1999; (acessível online no portal CPDOC, www.cpdoc.fgv.br).

Um estudo de caso sobre algumas políticas públicas no primeiro governo de Tasso Jereissati no Ceará (1986-1990), em especial as de saúde, foi realizado pela socióloga norte-americana Judith Tendler. Os resultados desse trabalho estão publicados no livro *Bom governo nos trópicos* (Rio de Janeiro, Revan, 1998). No âmbito das discussões sobre reforma do Estado temos o artigo de Charles Reilly "Redistribuição de direitos e responsabilidades: Cidadania e capital social", que integra a coletânea organizada por Luis Carlos Bresser Pereira e Nuria Cunnill Grau, *Entre o Estado e o mercado: O público não-estatal.* (Rio de Janeiro, Ed. FGV, 1999).

Outra boa referência em português é o artigo de David Skidmore "Sociedade civil, capital social e desenvolvimento econômico", publicado na coletânea *Transição em fragmentos: Desafios da democracia no final do século XX* (Rio de Janeiro, Ed. FGV, 2001), organizada por Alzira Alves de Abreu.

Uma das mais relevantes pesquisas sobre o Brasil é a de Renato Raul Boschi, produto de análise empírica com densa abordagem teórica. O trabalho se chama "Descentralização, clientelismo e capital social na governança: Comparando Belo Horizonte e Salvador" (*Dados* 42(4), 1999).

Uma crítica sofisticada e especializada ao uso do conceito é encontrada em Mitchell Seligson e Lucio Rennó, "Mensurando confiança interpessoal: Notas acerca de um conceito multidimensional" (*Dados* 43(4), 2000). Os autores questionam as evidências estatísticas que comprovem ser a confiança interpessoal uma variável explicativa para a cooperação social e para a formação de associações voluntárias.

Bernardo Klisberg é um dos autores mais produtivos sobre o tema. A maior parte de sua obra está em espanhol, mas pelo menos dois de seus livros já estão disponíveis em português: *Desigualdade na América Latina: O debate adiado* (São Paulo, Cortez/Unesco, 2000); *Capital social e cultura: As chaves do desenvolvimento* (Rio de Janeiro, Preal, 2002).

O conceito de capital social tem sido amplamente usado por ONGs com um sentido mais operativo. Um trabalho nessa direção é o livro de Augusto Franco *Capital social: Leituras de Tocqueville, Jacobs, Putnam, Fukuyama, Maturana, Castells e Levy* (Brasília, Millennium, 2001). O conceito foi também introduzido como critério de avaliação em algumas políticas públicas no Brasil. Ver a esse respeito o documento *Um novo referencial para a ação social do Estado e da Sociedade: Sete lições da experiência da Comunidade Solidária*, 25 set 2000.

Em espanhol a produção é abundante, incluindo grande parte das publicações e relatórios do Banco Mundial. Ainda nessa língua, é referência o livro organizado por Bernardo Kliksberg e Luciano Tomassini mencionado na seção anterior. O livro, formado por 19 capítulos, quase todos dedicados à América Latina, reproduz uma série de relatórios e artigos sobre experiências consideradas relevantes pelo Banco Mundial, algumas das quais mencionadas no corpo deste texto.

Um bom trabalho sobre o Canadá é a coletânea *Value Change and Governance*, organizada por Neil Nevitte (Toronto, University of Toronto Press, 2002).

Em março de 2003 o Banco de Teses da Capes (www.capes.gov.br), ainda que não estivesse bem atualizado, indicava a existência de 35 dissertações de mestrado e três de doutorado sobre capital social ou tema a ele correlato. No programa de Pós-Graduação em Antropologia e Ciência Política da UFF já existem algumas dissertações a esse respeito, todas defendidas em 2002, e ainda não integradas ao Banco da Capes quando este livro foi finalizado. São elas: Débora Cardoso Pucina, *O Banco Mundial e o capital social:*

Novas concepções sobre o papel do Estado e da sociedade civil no processo de desenvolvimento; Maria Alice Nunes Costa, *Samba e solidariedade: Capital social e parcerias coordenando as políticas sociais da Mangueira*; Carlos Artur Felipe, *Capital social ou familismo amoral?*

Uma das vantagens de se estudar um tema que venha sendo analisado nos dias atuais é que grande parte do que é sobre ele produzido pode ser encontrado em algum site da Internet. Indico o do Banco Mundial (www.worldbank.org/poverty/scapital/) e a partir dele navegar pela Social Capital Library, que oferece centenas de artigos, resumos, indicações de pesquisa e relatórios em andamento. Sintomaticamente, essa biblioteca virtual lida com trabalhos e estudos que visam a combater a pobreza.

Não perder de vista, contudo, que a Internet é um espaço com poucos controles de qualidade à exceção dos sites acadêmicos institucionais. As boas bibliotecas no Brasil já dispõem de excelentes buscadores e na maior parte deles temos acesso não só às referências como também aos textos integrais.

A sensação que fica depois de navegarmos por esses espaços é a de atordoamento. Mas isso é só o começo.

Sobre a autora

Maria Celina D'Araujo, portuguesa de nascimento e brasileira por adoção, é doutora em ciência política pelo Instituto Universitário de Pesquisa do Estado do Rio de Janeiro (Iuperj), pesquisadora do Centro de Pesquisa e Documentação de História Contemporânea do Brasil da Fundação Getulio Vargas (CPDOC/FGV), no Rio de Janeiro, e professora da Universidade Federal Fluminense (UFF).

Dedicou-se ao estudo da República brasileira sempre buscando entender os limites da democracia e o sucesso das investidas autoritárias entre nós. Publicou vários livros e artigos sobre a Era Vargas, entre eles, *O Estado Novo* (Rio de Janeiro, Jorge Zahar, 2000). Investigou a ditadura militar e o processo de redemocratização no Brasil e demais países do Cone Sul, temas sobre os quais publicou vários trabalhos, sozinha ou em co-autoria. A preocupação com a democracia, o desenvolvimento e a igualdade levou-a a valorizar o conceito de capital social. Ele só faz sentido se considerarmos que pode ser eficaz na promoção de sociedades democráticas, prósperas e justas.

Ditaduras são regimes corrosivos da confiança, base do capital social, e depredadoras da sociedade civil. A autora conheceu duas: a de Salazar e a dos militares no Brasil.

Coleção **PASSO-A-PASSO**

Volumes recentes:

CIÊNCIAS SOCIAIS PASSO-A-PASSO

O negócio do social [40], Joana Angélica Barbosa Garcia

Origens da linguagem [41], Bruna Franchetto e Yonne Leite

Antropologia da criança [57], Clarice Cohn

Patrimônio histórico e cultural [66], Pedro Paulo Funari e Sandra de Cássia Araújo Pelegrini

Antropologia e imagem [68], Andréa Barbosa e Edgar T. da Cunha

Antropologia da política [79], Karina Kuschnir

Sociabilidade urbana [80], Heitor Frúgoli Jr.

Pesquisando em arquivos [82], Celso Castro

Cinema, televisão e história [86], Mônica Almeida Kornis

FILOSOFIA PASSO-A-PASSO

Estética [63], Kathrin H. Rosenfield

Filosofia da natureza [67], Márcia Gonçalves

Hume [69], Leonardo S. Porto

Hannah Arendt [73], Adriano Correia

Schelling [74], Leonardo Alves Vieira

Niilismo [77], Rossano Pecoraro

Kierkegaard [78], Jorge Miranda de Almeida e Alvaro L.M. Valls

Filosofia da biologia [81], Karla Chediak

Ontologia [83], Susana de Castro

John Stuart Mill & a liberdade [84], Mauro Cardoso Simões

Filosofia da história [88], Rossano Pecoraro

Teoria do conhecimento [91], Alberto Oliva

PSICANÁLISE PASSO-A-PASSO

Psicanálise com crianças [75], Teresinha Costa

Feminino/masculino [76], Maria Cristina Poli

Cinema, imagem e psicanálise [85], Tania Rivera

Trauma [87], Ana Maria Rudge

Édipo [89], Teresinha Costa

A psicose [90], Andréa M.C. Guerra

A angústia [92], Sonia Leite

Educação e psicanálise [93], Rinaldo Voltolini

Os outros em Lacan [94], Antonio Quinet

A paixão [95], Marcus André Vieira

Histeria: o caso Dora [96], Nadiá Paulo Ferreira e Marcus Alexandre Motta